HIC

Luchando *por* la historia

PATHFINDER EDITION

Por Peter Winkler

CONTENIDO

En todas partes de los Estados Unidos, hay personas que

Luchando *pa*

2

udian la Guerra Civil y de una manera especial la reviven.

la historia

Por Peter Winkler

Una humareda blanca cubrió el verdor del campo. El humo irritaba los ojos y las narices de las personas. Se impregnaba en la ropa. Parados en medio de la humareda había unos 5000 **recreadores**. Estas son personas que actúan, o representan, los sucesos del pasado. Llegaron al oeste de Virginia para representar la batalla de Cedar Creek. Fue un momento crucial de la Guerra Civil. Esa guerra desgarró a los Estados Unidos durante la década de 1860.

Para los recreadores, la batalla de 1864 era tan real como la humareda blanca. "Realmente te metes en el pasado", explicó Lynn Peterson. "Representar el pasado", dijo, "es una gran manera de darle vida a la historia. En todo Estados Unidos, un sinnúmero de personas siente lo mismo.

Los recreadores trabajaron arduamente para representar las escenas con lujo de detalle. De hecho, en Cedar Creek parecía como si el tiempo se hubiera detenido. Había tiendas de campaña en filas ordenadas. Las ollas para cocinar humeaban lentamente sobre las hogueras. Los soldados en azul y gris marchaban al son de los tambores.

Un hogar dividido

A veces cuesta imaginar que los estadounidenses fueron a la guerra unos contra otros. Pero lo hicieron. ¿Cómo pudo suceder esto?

La respuesta está en las diferencias que existían entre los estados. Los estados del Norte eran bastante **industrializados**. Muchas personas trabajaban en fábricas o tiendas.

Los estados del Sur eran en su mayor parte **agrícolas**. La mayoría de las personas trabajaban en granjas. Cultivaban, entre otros, el algodón, el arroz, el tabaco y la caña de azúcar.

La cosecha de estos cultivos era un trabajo duro. Para ello, algunos sureños utilizan esclavos afroamericanos. Los esclavos eran personas que por ley pertenecían a otra persona. En 1860, había casi cuatro millones de esclavos trabajando en los Estados Unidos.

A lo largo del siglo 1800, los estadounidenses discutieron amargamente sobre la esclavitud. ¿Debían permitirla en los nuevos estados a medida que el país crecía? ¿Continuaría la esclavitud en el Sur? Los norteños y sureños no lograban ponerse de acuerdo. De alguna manera, sin embargo, los estadounidenses lograron permanecer unidos —a duras penas.

⭐ Estados desunidos ⭐

Los desacuerdos sobre la esclavitud separaron a los Estados Unidos durante la década de 1860. Los estados de la Unión (azul) permanecieron leales a los Estados Unidos. Los estados confederados (gris) se separaron para formar un nuevo país. Los territorios (beige) no pertenecían a ningún estado en ese momento.

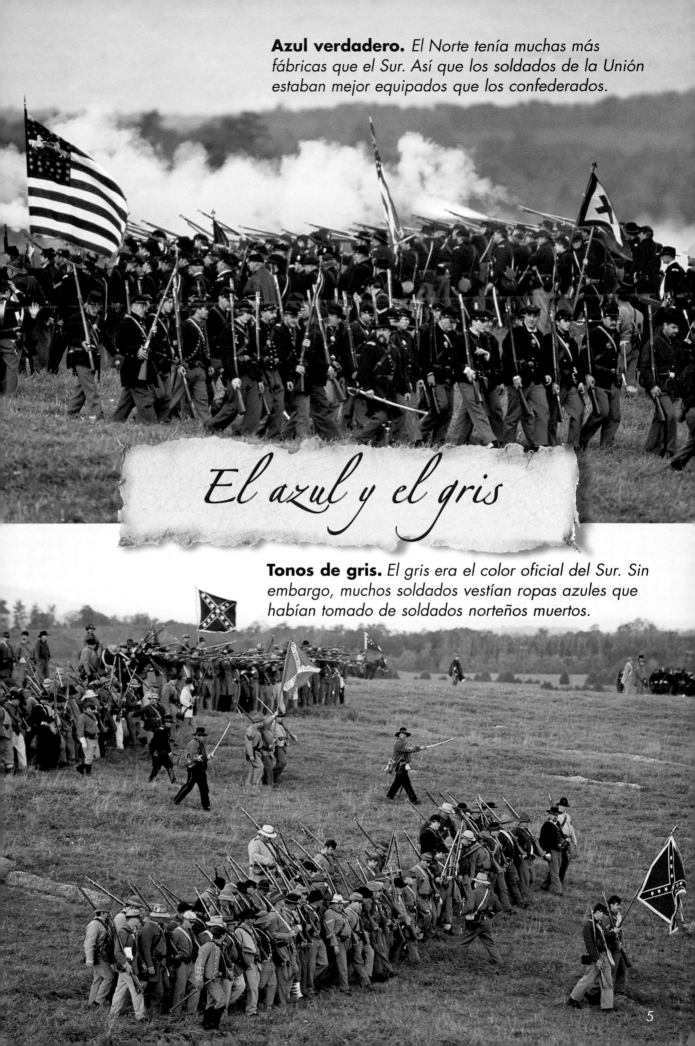

Azul verdadero. *El Norte tenía muchas más fábricas que el Sur. Así que los soldados de la Unión estaban mejor equipados que los confederados.*

El azul y el gris

Tonos de gris. *El gris era el color oficial del Sur. Sin embargo, muchos soldados vestían ropas azules que habían tomado de soldados norteños muertos.*

Una guerra incivilizada

La nación se dividió en 1860. Abraham Lincoln fue elegido presidente. Se opuso a que la esclavitud siguiera en vigor. Muchos líderes del Sur temían que eso destruyera su modo de vida.

Carolina del Sur decidió **separarse** de los Estados Unidos en diciembre de 1860. Muy pronto, otros estados hicieron lo mismo. Formaron los Estados Confederados de América. Su gente y sus soldados eran conocidos como confederados.

El presidente Lincoln se negó a que la Unión, o la nación, se separara. Dijo que incluso usaría la fuerza para prevenir que el Sur se separara. En respuesta, los confederados atacaron el Fuerte Sumter, en Carolina del Sur. Se desató una guerra.

De 1861 a 1865, el Norte y el Sur lucharon ferozmente. Tres millones de soldados lucharon en la guerra. Alimentarlos era una gran tarea.

Las tropas confederadas obtenían gran parte de su alimento del valle de Shenandoah. Esa es una región de Virginia. El Sur mantuvo posesión del área durante la mayor parte de la guerra. Luego llegó el verano de 1864.

Pequeña batalla, gran impacto

Ese verano, las tropas de la Unión entraron en el valle. Querían cortar el suministro de alimentos de los confederados. Eso sí que les dificultaría la lucha a los sureños.

El 19 de octubre, los dos ejércitos se enfrentaron en Cedar Creek. Casi ganaron los confederados. Sin embargo, el general norteño instó a sus hombres a continuar luchando. Así lo hicieron. Y la Unión ganó la batalla.

Cedar Creek afectó la guerra de dos maneras importantes. La Unión obtuvo el control del valle de Shenandoah. La victoria también infundió animó al cansado Norte. De hecho, la noticia probablemente ayudó a Lincoln a ser reelegido unas semanas más tarde.

Luego de Cedar Creek, la guerra duró apenas unos meses. En abril de 1865, ambas partes se reunieron en una ciudad de Virginia. El Sur se rindió. Los soldados de la Unión empezaron a vitorear, pero su líder los detuvo. "La guerra ha terminado", dijo. "Los **rebeldes** son otra vez nuestros compatriotas".

Haciéndolo como se debe

Octubre de 2004 marcó el aniversario número 140 de la batalla de Cedar Creek. Los recreadores estaban muy emocionados de revivir este suceso. Como siempre, trataron de hacerlo a la perfección. Brian Barron lo sabe.

Brian hizo el papel de un tamborilero confederado. También toca en la banda de la escuela. Sin embargo, los tamborileros de la Guerra Civil sostenían los palillos de un modo distinto. Es un pequeño detalle, pero forma parte de darle vida a la historia. Así que Brian aprendió a tocar el tambor al estilo antiguo.

Megan Wright también trabajó arduamente en los detalles. Aprendió el reel y el vals de Virginia, además de otros bailes del siglo XIX. Y su falda de estilo antiguo llegaba al suelo. Unos aros levantaban la tela formando un amplio círculo. "Me encantan estas vestimentas", dijo. "Me las pondría para ir a la escuela si pudiera".

El poder del pasado

Jóvenes y viejos, los recreadores se maravillaron de lo que habían logrado gracias a su esfuerzo compartido. Los hombres adultos hablaban sobre el terror de enfrentarse a línea tras línea de soldados enemigos.

"Algunos momentos fueron demasiado emotivos incluso para las palabras", dijo Lew Ulrich. "Uno piensa en aquellos que murieron en este mismo lugar", continuó. "Un hombre se sentó a llorar en su tienda de campaña. Hasta ese punto afecta esto". La historia tiene esa capacidad.

? *Si fueras un recreador de la Guerra Civil, ¿lucharías para el Norte o para el Sur? ¿Por qué?*

★ Vocabulario ★

agrícola: relativo al trabajo de campo, en granjas

industrializado: relativo a la fabricación y la venta de cosas

rebelde: persona que lucha contra su propio país

recreador: persona que actúa, o representa, el pasado

separarse: dividirse

Tamborilero. *"Es divertido estar aquí", dice Max Glazier, recreador confederado. Miles de niños sirvieron como tamborileros en la Guerra Civil. El son de los tambores ayudaba a los soldados a marchar correctamente.*

7

 # Dándole vi

En el campo de batalla de Cedar Creek, las personas se reunieron para representar un acontecimiento importante. La experiencia les ayudó a entender mejor la Guerra Civil. Pero no tienes que ser recreador para ver la historia en acción. Lo único que tienes que hacer es ir un parque histórico.

Hay más de un centenar de parques y monumentos históricos en los Estados Unidos. Cada uno de estos sitios te permite dar un paso atrás en el tiempo. Puedes sentir cómo era nuestro país en diferentes momentos y en diferentes lugares.

Exploremos cuatro de estos sitios que celebran a las personas y los sucesos del pasado. Echa un vistazo de cerca a cada uno de ellos. ¿Cómo le dan vida a la historia estos parques y monumentos?

Parque Histórico Nacional de Boston

El Parque Histórico Nacional de Boston es un conjunto de sitios ubicado en Boston, Massachusetts. No necesitas un guía o un mapa para explorar este parque. Simplemente toma el Sendero de la Libertad (*Freedom Trail*). Se trata de una línea roja pintada en la acera. Sigue el trayecto de la línea que va por toda la ciudad. Cada parada del Sendero de la Libertad te ofrece una vista única de la independencia de nuestro país.

En algunos sitios encontrarás gente vestida con ropas de la época. Hacen de cuenta que viven durante la Revolución estadounidense. ¡Incluso puedes encontrarte con algunos que planifican el Motín del té de Boston! También es posible que te subas al *USS Constitution*. Conoce cómo este famoso barco obtuvo su sobrenombre de "Old Ironsides", o "Viejo lados de acero".

Todos a bordo. *Visitantes viajan en el tiempo a bordo del USS Constitution en Boston (izquierda) y una barca del canal en Washington, D.C. (derecha).*

a la historia

El Canal Chesapeake y Ohio

El Parque Histórico Nacional del Canal Chesapeake y Ohio ofrece una visión diferente de la vida en los Estados Unidos. Este parque corre a lo largo del Canal C&O. El canal tiene más de 184 millas de largo. Se extiende desde Washington, D.C. hasta Cumberland, Maryland. Cada sección del canal fue construida a mano.

El canal era como un camino hecho de agua. Entre 1828 y 1924, la gente lo utilizó para transportar cargas. Las barcas llevaban productos de carbón y de otros tipos, tales como materiales de construcción y alimentos.

Sin embargo, el transporte de mercancías por el canal no era una tarea fácil. Las barcas del canal no tenían motores.
¿Cómo hacían estas pesadas embarcaciones para moverse de un lugar a otro? ¡Eran tiradas por mulas!

En el agua

Un camino de tierra llamado camino de sirga corre por el costado del canal. Las mulas caminaban a lo largo del camino de sirga. Tiraban de las barcas del canal por medio de sogas. Así es se trasladaban las barcas por esta vía fluvial.

El Canal C&O fue un centro de transporte de carga por más de un siglo. Hoy en día, las barcas del canal ya no transportan mercancías. Ahora transportan a los visitantes.

En Washington, D.C., puedes tomar un paseo en una de estas barcas del canal reales. Escucha mientras el guía cuenta las historias. Aprenderás acerca de las personas que vivían y trabajaban en el canal. Aprenderás por qué fue tan difícil la construcción del Canal C&O. Incluso aprenderás por qué el ferrocarril significó el fin del canal. A medida que avanzas por el canal, te sentirás como si estuvieras viajando en el tiempo.

Ascendiendo al pasado.
Los visitantes pueden explorar antiguas viviendas sobre la ladera del Monumento Nacional de Bandelier.

Monumento Nacional Bandelier

El Monumento Nacional Bandelier es un lugar donde puedes explorar la naturaleza y la historia. Bandelier está situado en las laderas escarpadas y los profundos cañones de Nuevo México. Las Montañas Jemez se encuentran al oeste del parque. El río Grande fluye hacia el este del parque.

En Bandelier, puedes explorar cascadas y senderos. También puedes descubrir la historia de los amerindios. Cientos de antiguas viviendas pueblo están incrustadas en los cañones. Algunas están dentro de cuevas o a lo largo de las laderas del cañón. Otras forman parte de las ciudades de piedra ubicadas en la cima de los acantilados. La civilización pueblo vivía en el área de Bandelier hace más de mil años. Sus viviendas permiten a los visitantes explorar los antiguos estilos de vida.

Explorando el pasado

Para dar un paso atrás en el tiempo en Bandelier, ponte un buen par de botas de montaña. Comienza tu viaje por el sendero denominado Main Loop Trail. Este serpentea pasando por viviendas pueblo que fueron excavadas o descubiertas. En el camino, sube por escaleras de madera que conducen a las ancestrales viviendas sobre la ladera. Explora las habitaciones donde los pueblo cocinaban y dormían hace siglos.

Después de la caminata, asegúrate de repasar los sucesos especiales de Bandelier. Por ejemplo, puedes hacer artesanías con los nativos americanos locales. Cuando se pone el sol, también puedes unirte a un guardabosque para hacer una caminata nocturna. Esta es una caminata silenciosa por la oscuridad a través de algunos de los lugares más interesantes del parque.

Una historia oscura.
En la prisión de Alcatraz, las personas visitan las celdas que una vez encerraron a peligrosos delincuentes.

Isla de Alcatraz

Los parques históricos también te pueden dar una visión del pasado más reciente de los Estados Unidos. Ese es el caso en la Isla de Alcatraz. Alcatraz está cerca de la costa de California. Entre las década de 1930 y 1960, esta isla albergaba una prisión. Algunos de los peores criminales del país cumplieron su condena aquí.

En la actualidad, puedes explorar la prisión. Para llegar allí, toma una barca desde San Francisco. Al llegar, dirígete hacia el teatro que está cerca del muelle. Allí podrás ver una corta película sobre la isla y su famosa prisión. Después de la película, camina hasta la prisión. Haz un recorrido con un guardabosque para aprender cómo la gente vivía y trabajaba dentro de los muros de la prisión.

Más historia para explorar

Hay muchas maneras de aprender sobre la historia. Puedes leer un libro, ver una película o buscar información en Internet. Pero si deseas ver, oír y oler los detalles del pasado, lo mejor es que visites uno de los sitios históricos.

De costa a costa, estos monumentos y parques brindan a los visitantes vistas especiales del pasado. Te permiten descubrir la historia, incluso en los lugares más inesperados.

Puedes navegar en buques y pasear en las barcas del canal. Puedes escalar pasando por viviendas ancestrales. Puedes encontrarte con personas que hablan y se visten como lo hacían los estadounidenses hace mucho tiempo. En los parques y monumentos históricos, no solo leerás sobre el pasado. Lo vivirás en persona.

Viviendo la historia

Intenta responder estas preguntas para
saber lo que has aprendido del libro.

1 ¿Por qué los estados del Sur
querían separarse de la nación?

2 ¿Por qué fue importante la batalla
de Cedar Creek?

3 ¿Qué son los recreadores? ¿Por qué
crees que prestan atención
a los pequeños detalles?

4 ¿Qué diferencia hay entre visitar
un parque histórico y leer sobre la
historia en un libro?

5 ¿Qué parque histórico te gustaría
visitar? ¿Por qué?